JN439990

사탕처럼, 슬프다

雪里 **이진영**

서울에서 출생하여 [창작수필] 수필, [문학시대] 시로 등단했다.
군포시주최 '전국전통문화 작품전' 대상 수상,
대한민국장애인문학상 산문부 최우수상,
대한민국장애인문학상 운문부 우수상을 수상했다.
수필과 동화, 시를 쓰고, 시를 춤추게 하는 낭송을 하면서,
그리고 그림을 그리면서 힘든 세상 여행길 아름답게 가고 있다.

수필집『내 안의 용연향』『나도 춤추고 싶다』『하늘에 걸린 발자국』
『종이피아노』『10초』『그땐 그랬지』
동화집『초록우산의 비밀』
시집『우주정거장 별다방』『내 슬픔도 먼지였다』
『꽃들에게 안부를 묻다』『사탕처럼, 슬프다』가 있다.

블로그 https://blog.naver.com/ljy3619
이메일 ljy3619@hanmail.com

사탕처럼, 슬프다

초판 1쇄 인쇄 | 2025년 09월 15일
지은이 | 이진영
펴낸이 | 이재욱(필명:이승훈)
펴낸곳 | 해드림출판사
주 소 | 서울 영등포구 경인로82길 3-4(문래동1가 39)
센터플러스빌딩 1004호(07371)
전 화 | 02-2612-5552
팩 스 | 02-2688-5568
E-mail | jlee5059@hanmail.net

등록번호 제2013-000076
등록일자 2008년 9월 29일

ISBN 979-11-5634-648-7

사탕처럼,
슬프다

이진영 시집

해드림출판사

서문

사탕을 삼켰다.
아직 녹지 않은 덩어리가 목울대를 서성이며
꿀꺽, 조용한 비명을 낸다.
뱉어내려 애써 보았지만
삼킨 사탕은 돌아올 수 없다.
맛을 음미할 틈도 없이
혀끝의 도움도 없이
스스로 흔적도 없이 녹아내려야 한다.
지금 나는,
서둘러 몰려든 달콤함을
흔적도 없이 녹아내려야 하는
사탕처럼
슬프다.

달콤해서 더 슬픈 것들이,

세상엔 분명히 있으리라.

내 슬픔, 사탕처럼 삼켜

슬프지만 달콤한 시를 쓸 수 있었습니다.

시를 쓸 수 있도록 이끌어 주신 하나님께 감사드리며,

시를 찾는 길이 되어 준 소중한 친구에게

고마움을 전합니다.

2025년 가을이 다가서는 수리산 자락에서

설지 이진영

차례

서문 4

1. 슬픔을 미워하지 마

바람의 기억 14
마중 1 15
마중 2 16
마중 3 18
배웅 19
정동길을 지나며 20
빨간 우산 22
한 폭의 그림 속에 우산으로 서 있다 24
눈물 26
떠남과 머묾 28
바람이 차갑습니다 30
여름이 지고 있어 31
너를 슬프게 하는 것들 32
슬픔을 미워하지 마 34

나는 슬픔에 인색하려 했다 36
이름을 부르면 사라지는 것 38
역류 40
그때, 네가 내 곁에 꽃으로 피어 있었어 41
풍경은 외로워서 젖은 풍경 강물에 내려놓는다 42
불의 돌이 되어 43
당신의 시 44

2. 나는 두 개의 눈을 가졌어요

내 안의 향비파 48
난 두 개의 심장을 가졌어요 50
그래도 다시 날 수 있지 52
바람의 새 53
나는 두 개의 눈을 가졌어요 54
새처럼 56
당신의 동백꽃은 지금 어디에 피어있나요 58
그의 그림자에 기댄 적이 있다 60
사탕처럼, 슬프다 62
잃어버린 그림자 64

어둠 속에 갇혔던 여름을 꺼낸다 67
우리가 이별하는 동안 68
이별의 들판 70
개와 늑대의 시간 72
오늘, 눈 내리는 날 74
봄이 내린 정류장 76
손톱이 닮았다 78
배가 고프다는 건 80
연지빛 흔적 82
작고 조용한 존재들 작은 인연과 기시감을 83
당신의 지난겨울은 어땠나요 84
경마장 가는 길 86
가을 남이섬으로 가면 89

3. 바람의 빛깔

지구별 초대장 92
나는 우주 망원경을 샀다 94
휘어진 별빛을 위하여 96
바람이 부는 밤에는 별이 춤을 춘다 98
달빛 나그네 99

달빛은 왜 차가운가 100
차가운 달빛, 그 비밀을 어둠은 알고 있다 102
달의 거울 104
늑대 달이 뜨는 밤 106
심해상어와 올빼미물고기 108
길잃은 파도를 위해서 110
바다의 시계 112
섬 114
바다의 푸른 고백 116
바람의 빛깔 117
바람에게 묻는다 118
공기놀이 120
거울 속 나를 본다 122
바람으로 보냅니다 124
하얀 나비 125

4. 푸른 숨결 생명을 심다

나이테를 말한다 128
풍장風葬 130
폭설 뒤에 131

우거지의 넋두리 132
먼지가 되어 134
대숲에 부는 바람 소리 136
플라타너스이 비명 138
제주에 내리는 비 140
가을비 내린 후 141
무궁화 열차 타고 올라오는 봄 142
나무는 강물 속에 나무를 심는다 144
꽃잎에도 상처가 있다 146
비둘기 연못 148
상처가 흉터에게 1 150
상처가 흉터에게 2 151
가을이다 152
호수를 건너는 새가 있어 153
지도에도 없는 마을에 홀로 선 풍경 154
4월에 내린 눈 156
나무가 있는 풍경화 158
나무와 나무의 이야기 160
푸른 숨결 생명을 심다 162

5. 계절은 기억을 지우고

숨비소리, 그리고 나 166
오늘, 슬픔 투명도 낮음 168
동물원에 가면 170
사월이 떠난다 172
꽃 배달 할아버지 174
빛을 걷는 아침 176
세월은 마술사처럼 177
아버지의 눈물 178
구멍가게 180
기억의 다리 182
눈송이처럼 185
맛의 여운 186
매운 가을을 삼킵니다 187
내가 크런키를 좋아하는 이유 188
산은 나를 흔들지 않았다 190
계절은 기억을 지우고 192
사랑한테 지는 것들 194
솔잎 끝 저녁 195
삶의 무늬로 그려지는 수묵화 한 점 196

1. 슬픔을 미워하지 마

슬픔 없는 세상엔
꽃도 피지 않는다

바람의 기억

솜사탕처럼 피었던 눈꽃이
후드득
바람 새 날갯짓에 떨어지네

낙화

한 줌
피었다 스러지는
숨죽인 기억
애처로워

싸한 통증이
심장 끝에 매달려
흔들거린다.

마중 1

문이 열리고 낯선 풍경 속에
나를 기다리는 사람 있다
시간이 멈춘 듯 발걸음 소리조차 들리지 않는 순간
그저 바라보는 눈빛만으로 오가는 이야기가 있다
낯선 공기가 차지한 부피만큼
친숙함으로 변화되는 공간이 하얀 겨울 날숨처럼
서늘하면서도 포근하다
배웅 없는 여행을 떠나고
마중 없는 귀향을 해 본 사람은 안다
배웅과 마중이 부딪히며
반짝거리는 감동이
누군가를 기다리고 누군가를 보내는 모든 순간이
작은 축복인 것을.

마중 2

잎을 털어낸 나뭇가지 사이로
회색의 겨울이 들어선다
그 사이로 붉게 멈춘 신호등이 보인다
건널목엔
계절을 건너려는 바람이 홀로 서 있다

은빛 하늘이 차갑게 내리는
겨울의 거리
붉은 신호등이
초록으로 변하기를 기다리는 건
바람뿐이 아니다

바람은 때론 바람希望이 되어
길을 건넌다

건널목 맞은편
바람의 옷 입고

차갑지만 차갑지 않은
따사로운 마중이 손 흔든다.

마중 3

시원한 물줄기 멈춘 광장 분수대
대신 비의 계절이 잠시 쉬고 있다가
심심했는지 가루 비를 뿌리고 있다
빗줄기는 지면으로 내려앉기도 전에
작은 몸체를 한 바퀴 돌려
허공에서 흩어진다
눈이 시리다
아, 비꽃이 피었다 지는구나
또 하나의 마중이 다가선다
푸른 어깨에 내린 한두 송이 비꽃

울지도 못하는 닭의 모형들이 모여 사는 집에서
닭 요리를 먹었다
나 역시 울지도 못하고 비꽃처럼 스러진
어느 여름날의 기억이다.

배웅

누군가 내 돌아서 가는
뒷모습을 보고 있다고 생각하면
눈물이 난다

그림자 말고도
나를 배웅하는 사람이 있구나.

정동길을 지나며

무수한 인파 흔들거리는 거리엔
만복감으로 비스듬히 기운 그림자들이
커피 한 잔씩 들고
덕수궁 돌담길을 스쳐
붉은 벽돌 정동 교회 앞을 지나간다
은행잎 샛노란 불빛이 창가로 쏟아지고
드문드문 이파리 사이로 하늘빛 조명이 켜진다
아치형의 하얀 창틀 사이로 켜지지 않은 침묵들이
수런거리는 동안
붉은 벽돌 사이 꼼꼼히 포개놓은
역사의 빛바랜 흔적들이
낮은 숨을 쉬고
창백한 소녀는 낡은 오르간 앞에서
찬송가를 부른다

다시 불러본 16살 소녀가 기억을 메고 걸어간다
지난 봄날 찾아왔던 마중의 어깨 위로

계절의 배웅이 우수수 쏟아져 내린다

뒤돌아본다.

추신- 기억은 동사다

빨간 우산

햇볕이 난 날 잠깐 뿌리는 여우비
한쪽으로 해가 나면서 내리는 해비
만약 빗줄기에도 색깔이 있다면
아마
햇빛을 한 모금씩 머금고 있으니
빨간빛으로 우산을 물들이지 않을까

빗방울 대신 꽃이 날리는
꽃보라
꽃잎이 비처럼 떨어져 내리는 꽃비
꽃보라 날리는 날 꽃 빛 품고 떨어지는
빗줄기는
아마
우산을 꽃 빛으로 물들일 터

어찌 햇살 품은 해비만 내리겠는지
어찌 꽃 빛 품은 꽃비만 내리겠는지

하지만
햇살 머금고 꽃 빛 담은
빨간 우산 쓰면
슬픈 비도 달래주려나

우리
이 봄
빨간 우산 사러 가자.

2시 40분, 오후
시계는 멈추지 않고
기차는 그 시간을 지나쳐가고
우리의 시간도 다시 지나간다
이미 예정된 시간표처럼

창밖의 그가 손을 흔든다
내 안에 젖은 그림이 흔들린다
그가 운다
빨간 우산을 사주지 못한
아쉬움이 물방울 되어
눈가를 적시나 보다

세상 서러운 비
우산 없이 살아온 나에게
어둠 속 슬픈 비까지 막아주려
꽃 빛 담은 우산 사주겠다고

약속한 그는

안개비 내리는 한 폭의 그림 속에

우산으로 서 있다.

추신- 그래 그럴 게, 열일곱 살 그 모습 그대로
비가 내릴 때면 우산 되어 함께 서 있도록 할게.

눈물

1.

눈에서 흐르니까
그렇게 부르는 겁니다
온몸
어느 기관도 눈처럼 슬픔을 흘리지 못합니다
고백합니다
그날 울었습니다
아니라고 했지만 눈물을 쏟았습니다
괜찮다고 했지만
선연한 상처의 빛깔이
그가 지고 가는
뒷모습에 매달린 채 흔들거릴 때
내가 아닌 내 눈이 울었습니다

2.

몰랐습니다
슬픔도 아픔도 감추고 살아서

보이지 않을 줄 알았습니다
참음 뒤에 서린 슬픔이
몇 겹으로 감싸서 배어날 줄 몰랐습니다
으깨어 손톱 물들이던 봉숭아 꽃물처럼
상처가 으깨져 나를 물들여 놓을 줄
몰랐습니다

3.
한 사람은 슬픔을 만들고
한 사람은 그 슬픔 때문에 울고
차창 밖에 걸린
액자 속 젖은 그림이 따라와
속눈썹 끝에 매달려 흔들거리는
어느 비 내리는 겨울날입니다.

내가 해 뜨는 아침에 깨어났을 때
그는 아직 깊은 밤, 잠 속에 있었다

지구 저 끝에서
시공간을 날아온 목소리는 가까웠다
어찌 그 먼 거리를 숨도 차지 않고
단숨에 날아올 수 있는가

사도 바울의 흔적을 따라
튀르키예를 걸어가는 그림자
무엇이었을까
목숨을 걸고 바울이 전하고자 했던 건
진정 무엇이었을까
그건 종교의 틀, 종교의 껍질이 아니었다
율법도 아니고, 제도도 아니고 교회의 벽돌도 아니었다
그건 생명이었다 사랑이었다

그의 오늘 행로는 어디일까
그가 나 대신 동행한 나의 책 안으로 스며든
낯선 이방인의 숨결
광활한 들판과 산맥과 호수
은빛 그물을 던져 담수호에서 멸치 떼를 건지겠다는
포부

그는 돌아올 것이다
그 모두를 챙겨 넣고
다시 떠남을 기약하면서.

바람이 차갑습니다

바람이 차가워서
전화를 하지 못했습니다
행여
목소리 끝에 찬 바람 묻어갈까 봐

햇살이 퍼지면
따스한 온기로 덥혀
그대 이름 부르겠습니다

그저 잘 있느냐고
안부를 묻고 싶은데……
바람이 차갑습니다.

여름이 지고 있어

여름이 지고 있어
풀숲 헤치면 시퍼렇게 퍼지던 초록들의
비명이
시간의 빛바랜 침묵을 배워야 하는
숙연함

소나기가 내렸어
나는 흠뻑 젖은 채
계절과 계절 사이 걸쳐진 빨랫줄처럼
두 팔 벌리고
땀에 젖은 여름옷을
오싹한 눈빛으로 말리고

여름이 지고 있어
기억의 언덕에
풀벌레의 울음이 자욱한 건
마중보다 더 슬픈 배웅 때문이라고.

너를 슬프게 하는 것들

네가 잃어버린 것들이
지워짐이 아닌
새날이기를

네가 떠나보낸 것들이
영원히 아닌
잠시의 별리別離이기를

기억 속 하얀 새는 여전히 노래하지만
너는 울었다
너를 슬프게 하는 것들이
너의 날개가 되어 주기를 바라

바라봐,
날아가는 새는 눈물을
흘리지 않아
초록 마중이 손짓하는

계절로 가기 위해
뒤돌아보지 않아

너를 슬프게 한 것들이
너의 날개가 되었어.

추신- *기억은 날아가는 법을 안다.*

슬픔을 미워하지 마

촉촉한 눈물의 물기 속에서
나는 오래된 씨앗 하나
싹을 틔웠다
가슴에 고인 빗물처럼,
그 푸른 물기가
내 안의 나무를 키웠다

사막의 열기 속 타는 목마름에
슬픔 한 모금 넘기니
시든 기억이 다시 피어난다

슬픔은 홀로 슬플 수 없다
마주 보는 슬픔이 함께 젖어 들고
서로 손 내밀어 슬픔을 다독일 때
슬픔은 슬픔이 아니다

슬픔을 미워하지 마
슬픔 없는 세상엔
꽃도 피지 않는다.

나는 슬픔에 인색하려 했다

나는 슬퍼할 만한 삶을 슬프지 않게 살려 했다
울음은 짧았고 통증은 숨겼다

슬픔에도 머물 자리가 필요하다
삶의 틈새 어디쯤
빛이 닿지 않은 그늘에
멈추는 순간을 허락받아야 한다
나는 슬픔에 인색하려 했다

앞으로 다가올 이별과 막 끝난 이별 중
무엇을 선택해야 했나
다가올 이별 앞에
이별과 이별이 삶의 가장자리로 이어지는
키 작은 슬픔이 보였다

나의 슬픔은 몇 살일까
16살의 내 슬픔은 나를 먼저 떠났고

17살의 이별은 뒤돌아보며 멈칫거렸다
슬픔을 키우지 않으려 뒷걸음질 친 시간이
발돋움한 슬픔을 지고 간다

가벼워지기 위해
끝내 벗어버린 기억 따라
슬픔도 한 겹씩 시간의 껍질을 벗는다
더 작게 더 잦아지려

잦아진 슬픔의 가장자리에
피어난 꽃,
시간의 무늬다.

이름을 부르면 사라지는 것

잃어버렸다
사철 푸른 조릿대 잎 사이
감춰놓은 기억
조릿대처럼 매운 바람
흰 눈 속에서도
강하게 견뎌내라고
그 숲 어딘가에 숨겼다

깊은 겨울의 숲
기억들이
바람에 부딪히다 아득히 멀어지고
바람은 또 다른 이름을 불러본다
침묵 속 몇 겹의 언어들이 껍질을 벗는다
잃어버린 푸른 기억을 찾는다

이름을 부르면 사라지는 것,
침묵

그러나
침묵은 말 없음이 아니라
말을 뱉지 못하는 아픔이라는 거

사라진 것들을 품고 있는 물음표
바람의 기억을 부른다
잎들은 가늘게 흔들리며 잃어버린 언어들을
아프게 뱉어낸다.

역류

슬픔을 밀어냈지만
손끝에 남은 쓸린 상처
아릿하게 허공을 맴돈다

뒷걸음치다
다시 가슴 미어지도록
소리치며 달려오는
슬픔

서러운 사랑
이젠, 슬픔과 이별하지 않겠다.

그땐, 네가 내 곁에 꽃으로 피어 있었어

시간의 등허리를 밟고 허공을 걷는다
가뿐히 걸음을 옮기다가
날렵하게 몸을 솟구쳐 한 손으로
바람을 휘어잡는다
바람의 손끝에서
목련이 하얀 꽃망울을 터뜨리고
햇살 한 줌, 하늘 끝에 걸쳐놓고
외진 길섶 민들레가 기웃 노란 웃음을 보낸다
허공을 흔드는 바람이
나의 아득한 봄을 깨우고
날카로운 호미 끝으로도 파헤치지 못한
가슴께 묻힌 기억이
아프게 솟아오른다.

그땐
네가 내 곁에 꽃으로 피어 있었어.

풍경은 외로워서
젖은 풍경 강물에 내려놓는다

내가 걸어온 길과 강물에 잠긴 길이 이어져
더 깊어진 길
하마터면 그 깊은 길을 끝없이 걸어갈 뻔했네
산도 산을 거느리고 어깨를 마주하니
산 허리에 슬픈 물안개 휘감기네
스러지지 않는 하루를 가슴에 안고 가는
노을 번지는 강물은
또 하나의 눈물 같은 어둠을 삼키고 울렁거리네
휘청이는 하늘 끝 스치는 붉은 구름의 날개
하도 고와서
어둠으로도 접을 수 없네

풍경은 외로워서
젖은 풍경 강물에 내려놓는다

추신- 풍경의 눈에 젖은 그리움이 보였다.

불의 돌이 되어

뒤돌아보지 말라 했는데 뒤돌아보았다
룻의 아내처럼
돌이 될 줄 알면서도 돌아섰다
그대 슬픈 배웅이 서러워서

날개를 잃은 기억처럼
언어를 잃은 슬픔처럼
돌아갈 길을 잃어버리고
순간을 뜨겁게 품은 불의 돌로
내 안에 머문 시인이여

별이 검은 하늘에 상처를
긋고 떨어지듯
별빛을 끌어안은 돌의 심장
비로소 쿵 쿵 뛰기 시작했다

내 안에 사는 시인이여
여전히 심장을 품은 뜨거운 돌이여.

당신의 시

당신의 시詩에
풋과일 맛이 사라졌다.
말이 너무 익었다.
혀끝에 남은 새콤함도
곧 희미해졌다.
맛의 흔적을 찾으려
계절의 등을 돌려본다
앞과 뒤를 지니지 못한 계절의 얼굴이
슬프다 한다
다, 당신이 놓쳐버린 유년의 오색풍선처럼
바람을 잃은 날개 탓이다.

2. 나는 두 개의 눈을 가졌어요

보이는 것을 보지 못하는 눈

보이지 않는 것을 볼 수 있는 눈

내 안의 향비파

형태 없는 바람의 손
하늘가 걸쳐진 다섯 줄의 향비파를 탄다
현絃을 튕겨
밀어내는 소리
비
끌어당기는 소리
파

옛사람들은 달리는 말 위에서
비파를 연주했다는데
바람은 하늘 가
거침없이 달려가다가 숨이 멎듯 멈추었다가
키 큰 나무에 걸터앉아 온몸 흔들며
소리가 소리를 스친다

내 안에 걸쳐진 다섯 줄의 향비파
현絃을 튕겨

밀침과 당김으로
가슴에 이는 음률
아릿하게
기약 없는 허공으로 자욱하게 날아간다
소리가 소리를 이어
하늘 끝에 다다를 수 있다면
그리운 그대
소식 들을 수 있을까.

난 두 개의 심장을 가졌어요

우산 없이 빗줄기에 드러난 심장이
흠뻑 젖은 채 길을 잃어버렸을 때
인적 드문 거리에 불빛 하나 스며들고
상처가 상처를 안고 살았기에
그 온기마저 데인 듯 아팠어요
또 하나의 상처였어요

슬픔을 드러내는 흔적들
조각조각 심장에서 떨어져 나오고
남들보다 맥박이 빨랐던 이유는
달릴 수 없는 나를 두고 심장이
저 혼자 달려갔던 것에요

심장의 빛깔,
심장의 소리
심장의 웃음
심장의 울음

비밀이에요

난 두 개의 심장을 가졌어요

밤이면 쿵쿵 두 개의 심장 뛰는 소리가 날 깨웠지요

이제 하나의 심장을 잃어버렸어요

이제 하나의 심장으로 살아가야 해요

오늘 밤,

기억의 환청이 다시 나를 깨운다면

그래도

나는 깊은 잠을 청할 수 있을까요.

그래도 다시 날 수 있지

차가운 그림자 걸어가는 회색의 거리에서
한 발이 잘린 비둘기가 뒤뚱거리며 모이를 찾고 있다
발목에 감긴 비닐 끈을 끊으려다 발을 잃어버린 새는
생生을 구걸하기 위해 한 발로 버티고 섰다
주머니를 뒤져 비닐봉지에 남은 강냉이를 뿌려주었다

마음에 감긴 인연의 끈을 끊으려다 마음을 잃어버린 이

그래도 다시 날 수 있지?

바람의 새

한 움큼 눈물을 삼켰다
깃털 사이로 은빛 얼음의 언어를
쏟아냈다

눈보라가 됐다.

나는 두 개의 눈을 가졌어요

나는 두 개의 눈을 가졌어요
보이는 것을 보지 못하는 눈
보이지 않는 것을 볼 수 있는 눈

나는 보이는 것을 보지 못하는 눈으로
그대를 만났어요
보이는 것들은 새벽빛 푸름에 머문
선뜩한 차가움이었죠
그 차가움을 감싸주는
따사로움보다 더 깊은 눈빛은
기쁨보다 더 슬픈 계절의 예감이었어요

나는 보이지 않는 것을 볼 수 있는 눈으로
그대를 보냈어요
바람에 흩날리는 꽃잎처럼
사라져버린 꿈 같은 그대
거짓말 같은 눈물이 흘러내리고

가슴 속에 묻어둔 기억
차가운 바람 속에 혼자 남겨진 나

나는 보이지 않는 눈으로,
보이는
그대를 보냈어요.

새처럼

숲에서
새를 만났다
한 번도 본 적이 없는 신비로운 꼬리를 가진
한 무리가 재잘거리더니
일제히 허공으로 날아올랐다
잠시의 눈빛에 찍힌 잔상도
먼 하늘로 사라져 버렸다

그도
다리를 접지 않는 새처럼
앉지 않는다
새처럼 서서 이야기하고
그리 오래지 않아
새처럼 날아간다
깊은 날갯짓으로 허공에 푸른 원을 그리고

지금쯤
우리가 나눈 언어들은
또 하나의 기억으로
시간의 숲을 걸어가고 있으리라

어느 날 문득
숲길을 걷다 멈춰 서면
멀리 날아간 슬픈 새들의 노래
낮은 가지 사이로 스며들어
아직도
흔들리고 있을까.

당신의 동백꽃은
지금 어디에 피어있나요

꽃잎에 말갛게 비쳐 보이는
붉은 사연
아픔이 스민 자리마다
여민 가슴 겹겹의 꽃으로 피었습니다
파르르 떨리는 서러운 너의 이름

동백꽃은 세 번 핀다고 합니다
나무에서 한 번
떨어져 땅에서 한 번
그리고 마음에서 한 번

한 번도 시들지 않고 지는 꽃
한 번도 흐트러지지 않는 그리움
한 번도 흔들리지 않는 이별
바람 따라서
내 마음에 그리움으로 다시 피어납니다

울음 끝에 피는 꽃
당신의 동백꽃은
지금 어디에 피어 있나요?

그의 그림자에 기댄 적이 있다

그의 그림자에 기댄 적이 있다
햇볕이 살갗을 파고드는 벌레처럼 따가워
그가 만든 그림자에 기대
얄팍한 그늘로 그 따가움을 피하고자 했다
달려가는 말의 그림자보다 더 빠르게 스치는
말들의 심장 뛰는 소리
경마장의 햇살 속에 서 있던 날이다

그땐 몰랐다
그늘이 되어 주려면 스스로 심장을
태워야 하는 줄,
상처를 덜어주려면
스스로 상처가 되어야 한다는 걸

기댄다는 건
그림자가 그림자를 빌려주는 거
그림자가 울지 않게

마음을 내어주는 거라고

낯익은 듯 낯선 길을 가며
떠나는 존재 보다
더 슬픈 건
남아 있는 빈 그림자라는 걸 알았다

그의 그림자에 기댄 적이 있다
그 존재의 깊이만큼
내 슬픔을 덜어내고 싶어서였다.

사탕처럼, 슬프다

사탕을 삼켰다
아직 녹지 않은 덩어리가 목울대를 서성이면서
꿀꺽, 조용한 비명을 낸다
뱉어내려 애써 보았지만
삼킨 사탕은 돌아오지 않는다
맛을 음미할 틈도 없이
혀끝의 도움도 없이
스스로 흔적도 없이 녹아내려야 한다

나는 사탕을 싫어했다
아득아득 씹어 먹는 습관 때문이다
그런데 어느 날부터인가
혀끝으로 살살 돌리며
사탕을 핥아먹기 시작했다
더 오래도록 부드러운 달콤함에
건조한 일상을 촉촉이 적셔보려는
어설픈 바람처럼

사라질 줄 알면서도
다시 돌아보고 싶은 이별처럼,
달착지근한 그 서늘함이 매혹적이었다.

나는 지금
서둘러 몰려든 달콤함을
스스로 흔적도 없이 녹아내려야 하는
사탕처럼
슬프다.

잃어버린 그림자

어제 나는 그림자를 잃어버렸다
빛이 사라진 것도 아니고
나를 떠난 것도 아니었다
그저 사라져버린 것이다

정오를 넘어섰을 무렵
그림자의 길이가
가장 짧았을 것이다
흐린 날이나 햇살이 쨍한 날이나
나를 따르던
심지어 누워있을 때도
반쯤 구겨진
흐릿한 몸체 밀쳐낼 수 없었던
그림자를 어느 곳에 두고 떠나왔는데……

금세
머릿속이 하얗게 비워졌다

기억이 기억을 지탱하던
내 무게의 반, 그림자를 잃고
나는 반쯤 가벼워졌다
남은 기억들이 휘청거렸다

그가 그림자를 찾아주려
햇살 쨍한 거리로 나섰다
그의 그림자도 따라나섰다
돌아오지 않는 그림자를 기다리며
시간을 세다가
문득 내가 원하는 것은
잠시 그림자 없이
홀로 서고 싶은
바람이 아니었을까, 하는

그는 성급한 시계침을 멈추게 하고
중심상가를 두 바퀴 돌아

내 그림자를 찾아왔다
그 사이 해는 설핏해졌고
그림자는 키가 커졌다

나는 다시
그림자를 가진 사람이 되었다.

추신- 어쩌면 그림자는 기억의 조각들일지도 모른다.
(식당에 두고 온 핸드폰 이야기)

어둠 속에 갇혔던 여름을 꺼낸다

차가움을 감싸주던 겨울옷을 기억의 상자로 배웅하며
어둠 속에 갇혀 있던 여름을 꺼낸다
나풀거리는 넓은 치마에는 여전히 자잘한 꽃들이 피어나고
하얀 블라우스에는 하늘거리는 라일락 꽃향기가 스며있다
유난히 고운 꽃 빛 스웨터에는 그리움이 듬뿍 묻어 있다

시간의 먼지를 툭툭 털어내며 지난여름이 가늘게 눈을 뜬다
챙이 넓은 밀짚모자,
푸름이 치렁거리던 나의 서늘한 여름이
다시 그리움을 걸친 채 뒤돌아본다
옷 갈피마다 접혀 낮은 숨을 쉬고 있는 그가
아직, 그 여름 속에 있다

울컥 눈물이 솟구쳤다.

우리가 이별하는 동안

하늘에서는 함박눈이 내렸습니다
나뭇가지마다 쌓인 침묵의 언어들이
써 내려간 편지

잠시 피었다 스러지는 눈꽃의 향기이려니
잠시 나뭇가지 가볍게 딛으며 날아가는
하얀 새 한 마리의 날갯짓이리라 여겼지요

설백의 숲엔 멈춘 시간이 눈부시게 쌓이고
고요 속
툭툭
나뭇가지 꺾이는 소리
가벼움을 가볍게 견디지 못한
여린 나뭇가지 탓이라 여겼지요

눈의 언어들이 써 내려간 긴 편지에는
접힌 자국마다

하얀 기억이 눈물처럼 쏟아져 내렸습니다
그대 목쉰 시곗바늘을 돌려놓습니다
멈춘 듯 이어지는 심장의 고백,
…… 보고 싶다.

이별의 들판

빈 들판에서의 이별이
더 슬프다 한다
지평선 끝
작은 점이 되어 흐려질 때까지
손을 흔들어야 하니까

나는 아직 이곳에서 이별을 바라본다
점이 되어 아득히 멀어지다가
문득 내 젖은 눈빛으로 달려와
소리치며 스며들기도 한다

저녁이 기울고 어둠 속으로 사라진 점이
별빛 되어 밤하늘에 떠오를 때까지
내 슬픈 어깨에 내려앉은 별빛이
깊은 잠을 품을 때까지
나는 오래도록 손을 흔들었다

내 이별은 아직 빈 들판에 머물고
별빛은 다시 점이 되어
먼 길을 가고 있다

빈 들판에서의 이별이라면
더 슬프다 한다
기억이 기억을 배웅해야 하니까.

개와 늑대의 시간

해가 지기 전 나는 돌아가려 했다
어슴푸레 개와 늑대의 시간이 다가오면
희미한 혼돈 속에 길을 잃을까 봐
아니, 내가 나를 잃을까 봐

사물의 윤곽이 뱀에 휘감긴 듯
형제 없는 시간을 헤매다가
흐릿한 그림자 속으로 스며들어
너와 나를 구별하지 못한다면
내가 너인 듯이, 네가 나인 듯이
슬퍼질까 봐

어둠이 서서히 겹쳐지며
빛을 지닌 실체마저 시간 속으로 잠겨
사라지기 전
네가 떠나간 플랫폼에서
목적지도 없는 아픈 기억을 떠나보냈다

나는

해가 지기 전 돌아가려 했다

희미한 혼돈 속에 길을 잃을까 봐

아니, 내가 나를 잃을까 두려워서.

추신- *'개와 늑대의 시간'은 프랑스 속담 **"L'heure entre chien et loup"**에서 유래된 표현으로, 주로 해 질 녘의 어스름한 시간대를 가리킵니다. 이 시간대는 빛과 어둠이 뒤섞여 사물의 경계가 불분명해지고, 개와 늑대조차 구분하기 어려운 순간이라는 의미를 담고 있습니다.*

오늘,
눈 내리는 날

그대 한쪽 어깨에 걸쳐진 기억이
잠시의 사연을 접고 갈색 바람을 따라가고
두 손 가득 품은 가을이
푸른 물기 거둔 그 가벼움으로
새되어 날아간다

은빛 새들의 은빛 울음
서편 하늘가 풍경風磬되어 흔들거리는데
흩어진 소리 조각에
허공이 아프게 베인다

아프다 말 못 하는 상처가
눈물로 내리고
내 안의 나무들은 여전히
또 하나의 풍경風景을 그리고 있으리라
그대 얼음 손으로 써 내려간
창백한 언어에

은빛 겨울 새의 날갯짓으로
느낌표를 찍어보는

오늘,
눈 내리는 날.

봄이 내린 정류장

나는 이 세상에서 가장 아름다운 이를 만나기 위해
수십 겹의 봄을 지나왔다
수많은 버스가 지나가고 다시 멈췄을 때
봄을 닮은 이가 내렸다 아니, 그가 봄이었다

봄을 기다리던 정류장에는
매해 자목련이 겹겹이 피어나며
고운 꽃 빛에 수많은 발길이 머물렀다
그도 꽃빛을 따라 먼 길을 돌아서
17번 버스를 타고 이곳에 내렸다

그러나
설레며 피어난 꽃들과
꽃그늘 아래 서성이던 부드러운 저녁 바람도
계절 버스의 짧은 멈춤처럼 빠르게 지나가 버렸다

나는 이 세상에서

가장 아름다운 이를 만나기 위해
수십 겹의 봄을 지나왔다
꽃은 피면 지는 법
아름다움도 세월 속에 그 빛을 숨긴다
그렇게 봄날은 간다.

추신- *빛은 가장 빠른 길을 찾아 움직인다.*

손톱이 닮았다

작은 눈, 큰 눈
얇은 입술, 두툼한 입술
닮은 게 없는데

따뜻한 표정
차가운 눈빛
닮은 게 없는데

그래도 찾아보니
손톱이 닮았네요

길고 가냘픈 손톱 끝으로
가리키는 세상이 닮았어요

손톱 끝에 머문 세상
작은 것 하나 소홀히 보지 않고
손끝 안에 소중히

담아두는 마음이 닮았어요

손톱 끝에 남은
봉숭아꽃의 붉은 흔적처럼
기억이 기억을 잊지 않고
살다 보면,
그리움 닮은 이들
그리워하면 살아가겠지요.

배가 고프다는 건

배가 고프다
배가 고프다는 게
이렇게 가벼운 기쁨일 줄은 몰랐다.
이 공복감을 좀 더 오래 간직하고 싶어
배고픔을 품고 있다

찬밥 많다며 볶음밥을 만들어
달걀부침까지 얹어 놓은 언니의 정성에
꾸역꾸역 먹고 결국 체해버렸다.

뿌듯한 위가 불편함을 호소해도
자꾸 먹었다.
먹는 일이 아직 살아있다는 위로 같아서
가슴을 두드려가며 먹었다.
한 움큼의 시간을 쓴 약처럼 삼키며 또 먹었다
지난여름 그가 남긴
빈 접시도 다 삼켰는데

혼자 먹는 밥은 더 서글픈가 보다.

오랜만에 찾아온 배고픔이 좋다
가득 채워진 슬픈 기억을 비워낸 공복이
명치 끝에서 흔들거린다.

연지빛 흔적

실핏줄처럼 생명이 이어지는
나뭇가지들의 가녀린 손이
푸름도 벗어놓고,
한낮의 빛남도 희미해진
겨울 하늘 끝자락에 닿았는데

연지빛 길게 이어진 붓 자국이
그 사이를 스칩니다
마치 승천하는 선녀의 고운 날개옷처럼
이 끝과 저 끝을 헤아릴 길 없는
긴 하늘길처럼
살아서 꿈틀거리는 저녁의 숨결처럼

문득 그 빛이 너무 고아서
그만 울음을 터뜨렸어요
어느 누가 그리고 간 그림인가요
어느 누구의 눈빛이 저 하늘에 스민 걸까요
그리 말없이 다녀가시면….

작고 조용한 존재들
작은 인연과 기시감을

가령 가녀린 풀꽃 위에 사뿐히 내려앉은
손톱만큼 작은 풀벌레라든가
하얀 새 한 마리 숲속 푸름 속에
머물렀던 기억이라든가
그대 속눈썹 끝에 매달린 이슬 같은
맑은 눈물이라든가
담너머 잘 익은 대추
장대로 흔들어 따준 햇볕 따가운 가을날이라든가
언젠가 나직이 들려준
열일곱 살 소년이 들고 가던 추억이라든가
너무 짧아서 애처로운 인연이라든가

나를 이끌어준
그 작고 조용한 존재들의 숨결이
오늘을 서럽게 하는 건
처음인 듯 낯선 슬픔이기에
처음이 아닌 듯
더 익숙한 슬픔이기에.

당신의 지난겨울은 어땠나요

추웠어요
가슴은 냉기로 가득 차
상처 같은 추위를 감싸려고
마음에 몇 겹의 붕대를 감아야 했어요
하얀 슬픔이 얼음이 되어버린 겨울왕국
영하의 세상에서 맨발로
겨울과 겨울 사이를 건너려 할 때
하늘이 소리 없이 건넨 침묵의 편지
눈썹 끝에 매달려 흔들리는 건 눈물이 아니라고
작은 눈송이들의 춤
춤은 몸이에요 몸짓과 몸짓이 서로를 향해
손짓하며 어우러진
하얗게 덮어버린 세상은 서늘한 위로였어요
가슴으로 내린 눈송이들의 춤이 한 편의 시時가 되었어요
시의 눈이 내렸어요

눈이 쌓여 길이 지워진 눈의 마을에는

길잃은 시의 발자국만.

경마장 가는 길

과천 경마장 전철역엔 검은 옷 사람들이 가득 내린다
행운이란 이름표를 주머니에 구겨 넣고
그는 경마 정보지를 한 권을 들고 4-4 라인에 서 있다
약속된 마중이다

경마장 가는 길에 가을이 먼저 달리고 있다
서둘러 떨어진 빨간 단풍잎 하나
크게 다툴 것도 없는 낙엽들이
하나둘 천천히 내려앉는다
대신 뛰어줄 말을 선택하느라 바쁜 이들의 얼굴엔
웃음이 없다
경마장으로 내려보낸 웃음이 말과 함께
출발선에 서 있다가 신호음 소리에 달리기 시작하고
자욱한 흙먼지를 일으키는 숨 가쁜 말발굽 소리 요란
한데
선두를 놓친 웃음이 흙먼지를 걸치고 퇴장한다

웃음보다 더 뚜렷한 삶의 주름들이
다음 경기를 예견하는
바람 빠지듯 헐렁해진 주머니가 뿜어낸 한숨도
여기저기 자욱하다.

함께 달려 보는 거야
삶이라는 레이스엔 완주만큼 소중한 게 어디 있겠어
선두 말이 건넨 배당금을 받은 그는 크게 웃지 않았다
나도 웃지 못했다

검은 옷의 사람들이 무리 지어 경마장을 빠져나오고
하루해는 저물기 시작했다
수북이 쌓인 버려진 마권엔
구겨진 희망들이
마지막 숨을 내쉬고 있다

전철 플랫폼에서 손을 흔들던 그의 눈물이
기억에 반사되어 짧게 빛났다가 아득히 멀어져 갔다.

가을 남이섬으로 가면

다음 생애에 여기 다시 오면 걸어서 가요, 우리
고장 난 걸음이 무거워서 더듬거리는 그림자들
힘들지 않게

바람의 자유로 강물을 헤치고 흘러도
산골짜기 두른 안개구름으로
비가 되어 뿌려도
세월 속에 잠긴 오래된 약속이
지켜질 수 없다 해도

다음 생애에 여기 다시 오면
걸어가요, 우리.

3. 바람의 빛깔

바람을 보았다는 이가 있다
바람의 빛깔을 물었다
어떤 색도
영원하지 않다고 했다

지구별 초대장

어느 봄날
나는 지구별의 초대를 받았어요
가슴 벅찬 순간이었죠

쉬지 않고 출렁이는 푸른 파도의 바쁜 걸음 따라,
꽃그늘 아래 부드러운 향기를 따라,
숲 사이를 헤치는 깊은 바람의 언어에 귀 기울이며
떠나온 별의 기억을 서서히 지워갔어요

때론 벅차도록 행복했고
때론 아픔 속에 머물러야 했지만
그래도 아름다운
지구별 사람으로 살았지요
그러다 문득
나의 고향은 어느 곳이었나
나는 어느 별에서 날아왔는지

꿈이 많아 더 반짝이는 별
약해지지 않으려
가시를 품고 피어난
장미 같은 별
천 마디의 기쁨을 노래하는
하얀 새들이 날아다니는 별이었을까요

사방을 둘러보아도 보이지 않는
안개 속 길을 잃을 때면
세상 모든 슬픔 지고 가는 듯
눈물 꽃 자욱한 길을 걸을 때도
내 안에 남아 있는
아득한 고향 별의 숨결이 그리워집니다

밤하늘에 유난히 반짝거리는 저 별
지구별 사람,
나의 안부를 묻는 것인가요.

밤하늘에 반짝이던 너,
누군가의 빛나는 별이었겠지
찬란한 반짝임을 버리고
영원할 수 없는 사랑을 위해
별과 별 사이 흐르는
눈물의 강에 스스로 마음을 뿌린
눈먼 별이 되었어
어둠 속에 가라앉은
차가운 돌이 되었어

마음을 잃으면
어둠을 밝히던 빛마저
멀어지는 거야
하지만 누군가 다시
너의 이름을 불러줄 때
너는 또다시
빛나는 별이 될 수 있어

나는 우주 망원경을 샀어
잃어버린 너를 찾으려고
다시 반짝이는 너를 만나려고
밤새 어두운 하늘가를 헤매며
꿈을 꾸었어
아픔 속에서 더 빛나는
눈물의 강을 건너
내게로 오는
빛을 품은 돌,
별이 된 너를 보았어

나는 마침내
다시 반짝이는
나의 별을 갖게 되었어.

휘어진 별빛을 위하여

_2035년 9월 2일, 너에게

2035년 9월 2일 우리나라에서
개기일식을 볼 수 있답니다
태양이 달에 완전히 몸을 감추고
달이 400배 큰
400배나 먼 태양을 가리는 순간
태양 곁을 지나가는
별빛이 휘어진다는데

내가 보고 싶은 건
천용이 태양을 삼켰다 다시
내뱉는 의식이 아니라
휘어진 별빛입니다

태양을 가리는
달의 그림자가 펼쳐질 때,
휘어진 별빛 그대로
내 휘어진 가슴에 품고

10년을 더 살아야 할 이유를
나직이 들려주고 싶은 거죠

그대, 10년 후를 기다리는 별빛이라면
태양의 불꽃 속에서도
스스로를 잃지 않을 수 있겠습니까
휘어진 그대로의 별빛으로.

바람이 부는 밤에는 별이 춤을 춘다

별이 반짝이는 건 지구의 흔들림 때문이야
별빛은 그대 곁을 지나가면서
흔들리고
꺾이며 사라지는데

바람이 불지 않는다면
별은 춤출 수 없어
별이 춤추는 밤에는
누군가의 가슴에 바람이 불고 있는 거야

오늘 밤 별이 춤추는데
빛을 모았다가 산산이 흩어지는
조각난 별의 춤이 반짝이는데.

별들의 춤이 반짝일 때는
기억을 지워버린 영혼들이
밤을 흔들어 깨운다는데.

달빛 나그네

달이 떴다고
세상이 모두 달빛을 품은 건 아니다
산은 묵직한 가슴만큼
강은 끝없이 이어진 눈물만큼
나무는 가지 끝 이별만큼
나는 그리움이 스며든 저녁만큼
달빛을 품고 가는 거지

달이 진다고 하늘을 떠나는 것은 아니다
우리 눈에 닿지 않을 뿐
달빛 찾아가는
나그네의 눈빛만
어느 하늘가 헤매고 있는 거지.

月落不離天.

달빛은 왜 차가운가

달빛이 가득 넘실거리는
어느 밤
나는 조용히 뜰로 내려섰다
두 팔을 벌려 달빛을 품었다
싸늘한 가슴을 따뜻이 데울 수 있을까 하여

거울에 반사된 햇빛은 한곳에 모이면
뜨거운데
태양을 품었던 달빛도
어디쯤은 따스함을 품고 있으리라 믿었다

그러나
달빛은 차가웠다
달빛 품은 가슴도 여전히 차가웠다
빛의 그늘보다 달빛 아래가
더 서늘했다

빛을 지녔으나
뜨겁지 않은 행성
어둠을 밝히는 달빛은
그 차가움으로 밤을 비추고
스스로 빛의 등 뒤로 사라진다

차가운 달빛,
그 비밀을 밤은 알고 있고 있으리라.

차가운 달빛,
그 비밀을 어둠은 알고 있다

은빛 얼음꽃 번지는 하늘
숲은 더 깊어지고,
나무들은 하얀 입김을 내뿜는다
매서운 바람은 가지 끝을 흔드는데
달빛은 차갑기에 말이 없다

그 차가움 속엔 무엇이 숨겨져 있을까.
어둠은 달빛을 건너 숲으로 가고
달빛은 밤의 가장자리에
홀로 외롭다

달빛이 차가운 건
내 서늘한 슬픔이 여전히 달빛 속에
스며 있기 때문일까
아니,
그대 겨울 눈빛이 아직
봄을 품지 못해서인가

겨울 숲은 오래된 비밀을

어둠에게 묻는다.

추신- 비밀은 비밀이기에 더욱 신비로운 거.

달의 거울

달은 제 모습을
무엇에 비춰볼까요
꽉 찬 보름달
해쓱한 반달
고운 눈썹처럼 가늘게 휘어진 초승달
구름에 가려 흔적마저 흐려진 그믐달
제 모습을 찾으려
허공을 떠돌다 지친 달그림자

두 배로 밝아진 눈부신 보름달이 솟아오르고
사라진 반쪽의 흔적을 찾는 반달의 창백한 눈빛
어머니의 얼레빗,
상현달과 하현달은
모두 달의 거울 속에 머물러 있을까요

제 모습에 낯선 검둥개가 거울 속
자신의 모습에 짖어대듯이

바람결 맑게 씻긴 달의 거울 속
달이 제 그림자 낯설다고 소리 내어
울고 있진 않을까요

밤이면,
아득히 제 모습 잃고 슬퍼하는 달의 울음,
들리시나요.

늑대 달이 뜨는 밤

차가운 밤의 숨결
바람이 밟고 간 강물이
거친 물결무늬로 일렁입니다

늑대 달이 강을 건너려다
그만 텅벙 강물에 몸을 던졌습니다
지독히 외로운 탓입니다

바람은 울부짖는 달빛을 삼키고
황금빛 새의 깃털을 토해냅니다

하늘엔 둥근 달
강물에는 천 가닥 달빛 타래
바람의 손
지그시 거친 숨죽이고
달빛을 재웁니다

그렇게 새날
늑대 달이 뜨는 밤이면
바람의 강은 더욱 깊게 출렁입니다.

추신- *늑대 달-1월의 보름달은, 굶주린 늑대의 울음소리가 들리는 시기라는 데서 나오는 말.*

심해상어와 올빼미물고기

300개의 이빨을 가졌다는 심해상어
수심 200m, 햇빛이 닿지 않는 어둠을
창살 같은 이빨에 가두고
생존을 위해 300개의 조각으로 만든 먹이를
차갑게 삼키겠지
산다는 건 가면 증후군, 끝없는 몸부림
날 선 은유가 눈먼 파도를 가른다

시간을 씹어 삼키는 일 년, 365개의 이빨
푸름을 놓치지 않으려 망각의 그늘에 숨은
눈뜬 시간을 찾아내어
365개의 조각으로 쪼개어
넘길 듯 말 듯 소리 없이 삼키겠지
산다는 건 가면 증후군, 퇴화를 거부한 몸부림
날 선 은유가 시퍼런 파도의 숨결을 토막 낸다.

깊은 바다, 햇빛이 닿을 수 없는

어둠 속에서도 빛을 찾아내는 거야
너보다 눈이 큰 내가
올빼미 물고기처럼 어제와 오늘 사이
헤엄치는 동안
빛의 길을 만드는 진화된 물고기 따라
햇살 거느린 바다를 만나는 거야

바다, 말없이 그 깊고 차가운 상처를 삼키고
푸른 트림을 하고
세월, 그 넓고 빠른 걸음을 지우며 하나의 턱을 만들고
파도는 넘을 수 없는 턱을 넘느라 거친 걸음을 배웠다

바다의 턱을 넘는 파도의 시퍼런 등에
300개의 이빨 자국이 뚜렷한 건,
바다는 기억은 버려도 흔적은 지우지 않기에.

길잃은 파도를 위해서

이정표 세 개가 바다를 향해 서 있다
밀려오는 파도가 길을 잃지 않도록

하나는 빛깔
하나는 숫자
또 하나는 손짓으로

이정표 때문에 파도는 해변에
밀려왔다
떠나가도
다시 돌아온다

그리움 때문에 떠나지 못하는
내 가슴속 이정표는
누구를 위해서
지독히 아픈 다리로
깊게 패이고 무너져내린

그곳에

아직 서 있는가.

바다의 시계

태엽이 풀린 시계는 멈추어도
바다의 시계는 푸른 시간을 끌어안고
멈추지 않는다

바다의 시계는 기억의 물결을 따라간다
썰물의 시간
밀물의 시간
폭풍 속에서

산 같은 파도에 휩싸인 섬은
바닷길을 잃었지만
노을이 질 무렵 멀리서
날아오르듯 힐긋힐긋 물결치는 까지 노을은
바다의 초침 소리를 심장에 품었다

수평선에 해가 떨어지면
붉은 깃털 새, 허공을 가르는

마지막 춤에
바다의 시계는 고요한 어둠을 내린다

오늘도
태양의 눈빛 아래,
거센 바람의 날갯짓에 흔들리고,
달빛의 신비로운 손짓에 이끌리며
바다의 시계는
천년의 시간을 품고 흘러간다.

섬

멀리서 보면 수평선 끝
하나의 점이지만
다가설수록
깊은 속내를 드러내는
섬

어느 시인은 바다에 가면 시詩가 지천이라고
그저 줍기만 하면 된다고 했다
나는 시를 줍기 위해
바다로 가고
섬 사이를 떠도는 바람 새는
바다를 마시고 바다에 취해
바다를 베고 잠들었다

손 내밀어도 닿을 수 없는
섬
바람이 다가서니

섬은 시가 되고
섬은 새가 되어 날아간다

그는 섬이다
천년의 꿈속에서 기다린
점 하나,
푸른 섬이다.

바다의 푸른 고백
_백섬에서

하얀 물거품 일렁이는 바다를 본다
끊임없이 바위를 내려치는 파도
거친 사랑인가
분노의 손길인가

수천 년
깊게 파인 통증
가실 수 없는 시퍼런 멍 품고도
바다를 더욱 사랑하는
바위의 운명은
누구의 그림자인가

내 옆구리에 새겨진 푸른 멍
거세게 부딪힌 파도의 흔적인가
바다를 떠나왔는데
석 달 열흘쯤 바다의 기억을 품고
그리워하라는 바다의 푸른 고백인가.

바람의 빛깔

바람을 보았다는 이가 있다
바람의 빛깔을 물었다
어떤 색도
영원하지 않다고 했다

지나간 뒤에야
알았다

내가 나에게 들려준
조용한 깨달음이었음을

바람에게 묻는다

허공을 베이는
어제 스친 날카로운 바람
쓸쓸한 계절 어깨 위 흘러내린
창백한 그림자 날려 보내고
가슴으로 움켜쥔 그리움도 흩날려 보내며
우뚝 솟은 자존심도 흔들어 보고

바람의 생은 짧아서
아쉬움도 다행도 잠시 스칠 뿐
대상이 없으면 흔적도 남길 수 없는 운명이기에
그대 멈춘 자리 홀로 세운 슬픈 그림자
매운바람으로 떠내 보내려 한다

어제의 바람과
오늘의 바람
내일 어디선가 불어올 바람은
모두 같을 수 없으니

아무것도 묻지 말고
그저 스쳐 지나가는 바람이려니
하면 될 것을.

공기놀이

한 알 줍기 두 알 줍기 콩 줍듯 공깃돌을 먹고
두 알, 세 알, 계단 오르듯 높아진다.

다섯 알 공깃돌을 한 손에 움켜쥐다
허공에 높이 띄워 올렸다가
날렵하게 손끝으로 휘어잡는다
잡힌 알만큼 나이테가 더해지고
아이 얼굴에 햇살 웃음이 번진다

세상은
한 손에 쥘 수 있는 만큼일까
때론 다섯 알을 꽉 쥐고,
때론 몇 알 흘려보내고,
때론 모두 놓쳐버리기도 한다.
아이의 손끝 바람이 그 무게를 재는 듯하다.

보이지 않는 세월을 더해가며
즐겁던 아이는 이제 공기놀이를 멈췄다
세월은 여전히 저 혼자 공깃돌을 꺾고
시간을 차곡차곡 포개며 은밀한 웃음을 흘린다

공기놀이를 멈추지 않는 세월 탓에
어제의 아이는
오늘,
즐겁지도 신나지도 않은 나이를
더해가며 살아가고 있다.

거울 속 나를 본다

나무가 강물 속에
함께 흔들리는 나무를 심듯이
산이 강물 속에
그림자를 띄워 풍경을 만들 듯이
나는 거울 속에
나를 심었다

거울 속 나는
때론 웃고
때론 눈물을 흘렸다
어느 날 열여섯 살 소녀가 서 있다가
어느 날은 부르지도 않은 노인으로
서성인다

거울 속에 심어놓은
내가
내게 손 흔들 수 있는 건

거울에 반사된

세상 풍경이

아직 아름답기 때문이다

나는 오늘,

등 뒤에서 기웃거리는 기쁨을 불러

내 안에 웅크린 슬픔을 달랬다

거울 속 내가 나를 보며

슬프게 웃고 있더라.

바람으로 보냅니다

가을이 쌓이는 길을 걷다가
두 손으로 낙엽을 끌어안았어요
푸른 기억 잃어버린 사연 애처로워

아, 아직 남아 있는
파르르 떨리는
낙엽의 심장 뛰는 소리
그 소리가 내 심장에 포개진 순간
흐르는 시간이 멈춰버렸어요
그제야 알았어요
떠내버린 것이 아니라
푸른 날들, 가냘픈 숨결에 간직했구나

마른 잎줄기 갈피마다 남아 있는
바삭거리는 낙엽의 숨소리
바람으로 보냅니다
가을과 겨울 사이
노을이 슬픔처럼 번지고 있습니다.

하얀 나비

봄이 왔는가
꽃이 피었는가
하얀 꽃잎 하늘거리는데
너보다 먼저 온 봄은 없다

파르르
향기 따라나선 나비
하얀 날갯짓
흩날리는 꽃잎 사이를 맴돌 뿐
네가 없는 봄은 아직 춥다.

4. 푸른 숨결 생명을 심다

너의 숨소리는 진동이다
나를 깨우는 쿵쿵거리는
거인의 발자국

나이테를 말한다

나무는 꺾이거나
베이지 않는 한
제 속살을 드러내지 않는다

지난 폭설에
순백의 향기 지닌
가장 부드러운 눈의 칼날 스쳐
꺾이고 베인
나무의 속살을 들여다 본다
여태껏 드러내지 못했던
시간이 그린 흔적이 둥글어서 슬프다

봄부터 겨울까지
만남과 헤어짐을 묵묵히 견딘 세월
선명한 나이테 새기며
나무와 나무 사이 푸른 손 흔들며
그렇게 살아왔구나

이제, 불길 속
나이테에 얹힌 붉은 춤사위
슬프도록 아름다우리라.

풍장風葬

황금빛 붉은빛 마지막 계절을 보내는 의식은 찬란했다
순간에서 순간으로 이어지는 울긋불긋 낙엽의 행렬에
죽음 앞에서 웃으며 보내 달라던 오래전 누군가의 유언이 떠오른다
그 찬란함에 빠져든 이들은 환호했고 계절을 놓쳐버린 이들은
못내 아쉽다 했다
한 장 한 장 떨어지는 사연을 주워 담아야 하는 청소부는
서둘러 가을 나무를 흔들었다
잎이 떨어질 빈자리를 만들기 위함이 아니라
잎이 떨어질 빈자리를 없애려 아쉬움의 빗자루로 쓸어냈다
외진 모퉁이 불룩하게 쌓아놓은 낙엽 더미
지나간 계절, 벌어진 틈으로 가을의 무덤을 보았다
드문드문 햇살 스치지만 차가운 겨울의 숨결
봉분도 없이 스러지는 생명의 한해살이가 애처로워
바람 되어 서럽게 울었다.

폭설 뒤에

더러운 세상 차마 못 보겠다고
펑펑 순백의 포탄을
쏟아붓더니
나무마다 승전 꽃 탐스럽게 걸어놓고
우쭐거리더니
가벼움으로 무거워진
나뭇가지 우득우득 꺾어놓고
약한 지붕 폭삭 무너뜨리고
하늘로 돌아가지 못한 채
녹아내리다 멈춰버린
마스카라 번진 추한 눈더미들
길가에 엎드린 채 졸고 있다

순백의 꽃잎으로 날려
그대 가슴에 잠시 머물렀다면
하늘하늘 황홀한 날갯짓, 나비 되어
그대 곁을 맴돌았다면
그리움의 시로 오래 남아 있으련만.

우거지의 넋두리

나, 그래도 한때는 푸르른 잎이었다
질기고 억세지만 연한 고갱이 감싸주는 겉대로
뚝뚝 물기 떨구는 시퍼런 젊음이 성성한 시절
아낙네들 나를 다듬어 슬쩍 데쳐 바람 끝에
매달아 놓는다

그럭저럭 바람에 몸 흔들며 지내다 보면
물기 걷혀 우글쭈글 구겨져 볼품없지만
깊은 맛은 더해져
우거지 해장국, 우거지 감자탕. 안 들어가는 데가 없고
김치를 담글 때 맨 위를 덮어 맛을 더하는 역할도 하지만
날이 갈수록 허옇게 곰팡이 끼고 흐물흐물 초라한 모
양새는
외면받기도 했다

당신들
연한 고갱이 시퍼런 등짝으로 감싸 안고
김칫독에서 맛에 맛을 더하려 자신을 내던지며
그렇게 한세상을 살아와서
제멋대로 구겨졌지만
깊은 맛으로 모든 것을 품어내는 나를
우습게 보지 마라.

세상 어디에도 없는 맛
나는 우거지다.

먼지가 되어

등 떠미는 바람의 손짓에
앞다투어 달려가던 지난 계절의 탄식이
차가운 길가에 누워 하늘을 보고 있다

푸름으로 견뎠던 계절이 벗어버린
생명의 껍데기들
앙상하게 드러낸 잎맥의 등뼈
마지막 비행이
낯익은 바람 속을 맴돌다
가을의 어깨 위에 추락한다

구겨진 가장자리 펴주려 손 내미는 햇살마저
고개 저으며 멀어지는 창백한 거리엔
살아 있었기에 죽음마저 숭고한
겹겹 낱장들의 창백한 유언이 시작된다

바스러지는 눈빛 뒤척거리다
잘게 부서져
한 줌
먼지가 되어
또 다른 비상을 꿈꾸려는가.

대숲에 부는 바람 소리

가느다란 몸으로 꼿꼿하게
하늘 떠받들며 살아온 대나무도
때때로 저렇게 바람 손잡고
시퍼런 몸 흔들지 않으면
어찌 견디겠는가

버석버석 쏴와~~ 저렇게
마디마디 맺힌 한恨
소리 내어 풀어내지 못하면
어찌 견디고 살겠는가

그래서
머리 풀고 몸 흔드는
살풀이춤 한 마당에
바람의 피리 소리
베인 듯 가슴께 파고든다.

대숲 그늘 아래
시퍼런 상처만 퍼질러 앉아
혼자 웃다가 혼자 울다가
짧은 해그림자이고
격한 손 흔들며 이별을 고한다.

플라타너스의 비명

꿈이었나
봄 기척에 몸을 떨며 기웃거리던 하늘
연한 푸른 빛이었다

지난여름은 행복했니, 라고
말을 건넸다
짙푸른 잎들이 층층이 가린 하늘 사이 쏟아지던 햇빛이
시간의 건반 위에서 부르던 노래는 반짝였고
거센 빗줄기 투덕거리던 북소리에
굼틀거리며 만찬을 준비하는
풀벌레들의 몸짓이 초록이었다고

나무와 나무 사이 빨간 불빛 오래 머물다가
빠른 걸음으로 건널목 건널 때
플라타너스
빛도 잃고 물기도 잃은 기억이
구겨진 잎사귀에 얹혀 부스럭거리다가

시간의 발자국에 밟혀
바스러지는 비명이 거리를 뒹군다.

아프니
나도 아프다.

제주에 내리는 비

우산도 없이
젖은 바다를 찾아가는 이들
잿빛 구름 속에 몸을 숨기고
가슴 속에 빗방울을 그린다

바람 따라 눕기도
바람 따라 일어서기도 하는
푸른 제주

격한 바람의 춤 길게 사선을 그으며
바다를 당긴다
포효하다 이내 침묵하는
태풍의 바다에
돌아갈 차표 한 장 던져버리고
나도 한줄기 비 되어 뛰어내린다.

가을비 내린 후

밤새 비 내려
하늘 가장자리에 걸린 산들이
마른 눈물 꽃 태워 젖은 몸을
말린다
골짜기마다 그리움 피어올린다

길에 누운 낙엽의
물기 스민 마지막 인사
나뭇가지 끝에 매달린 눈물 한 방울
마음과 마음 사이를 흔든다

슬픔이 머문 자리
허옇게 핀 버짐 꽃이 서러워
젖은 추억이 외발로 어제를 밟고 간다
버석거리는 가을이 저물기 시작한 거다.

무궁화 열차 타고 올라오는 봄

남도 역에서 출발한
무궁화 열차에
봄이 슬며시 올라탔습니다
저런 무임승차라니요
호주머니에 넣은 노잣돈이 모자랐는지
KT, 새마을 열차도 아닌
느릿느릿 무궁화 완행열차를 몰래 탔지요.

작은 역마다 멈추어
잠깐씩 기웃거리고,
느긋하게 창 너머를 훔쳐보다가
가끔은 반대편 열차에 길을 내어주려
쉼표 걸어놓고 비켜서기도 합니다

꽃샘바람
뒤집어쓰고 움츠리던 봄이
어느새 술잔 가득

봄 내음을 들이마시며
살짝 휘청입니다
어쩌나
기다림에 지친 마중객들에게
교태 서린 웃음 건네려는 걸까요

서걱거리는 햇살과 함께
봄을 싣고 온 무궁화 열차가
꽃잎 몇 송이 날리며
천천히 플랫폼으로 들어섭니다.

나무는 강물 속에 나무를 심는다

나무는 강물 속에
나무를 심는다
가지 끝 바람 불면
강물 속 나무도 흔들리며 춤추고
고요 속
하늘 가에 낮달이 걸리면
강물 속 나무들
잔물결 베고 깜빡 잠든다

산도
강물 속
그림자로 섬을 이룬다
풍경 따라
붉고 푸른 채색 붓 스치면
물길 스민
한 폭의 그림이 된다

숨죽인 저녁 해 품어 안는
산이
강물 속에 잠겨 깊은 잠 청할 때
나무도
숨결 여미고 꿈속으로 흐른다

잠든 물결 위
샛별 뜬다.

꽃잎에도 상처가 있다

습기를 머금은
화선지처럼 얇은 날개를 펴는 꽃잎
파르르 바람에 떨린다.

얼마나 그리웠기에
뾰족한 가시 스스로 품고
선홍빛 피 흘려
꽃잎을 물들였나

꽃잎 속 말갛게 비쳐 보이는
붉은 실핏줄
슬픔이 터진 자리마다
상처가 상처를 감싸 안아
여민 가슴 겹겹의 꽃으로 피었다

파르르 떨리는 너의 이름
내 가슴에 심는다
사철
상처를 기억하며 피는 꽃

부겐빌레아.

비둘기 연못

지난밤에 비가 내렸다
빗줄기에 얹힌 가을이 차가움을 거느리고
마른 잎들을 흔들었다
공원 한편 움푹 패인 곳에
신문지 한 장 펼쳐질 만한 연못이 생겼다
연못이라기에는 그저 웅덩이에 불과하지만

비둘기 한 마리가 연못에 자박자박
발을 담근다
비둘기 한 마리가 모이 쪼듯이 연못에 물을 먹는다
비둘기 한 마리가 연못에 몸을 비비고 들어선다
날갯죽지를 흔들며 물장난을 친다

강가도 호숫가도 멀기만 한
높은 아파트 즐비한 도시
때아닌 연못에 행복해진 비둘기들은
연못이 너무 작아도 그리 깊지 않아도

신이 났다

행복
별 거 아니다
큰 것도 대단한 것도 아닌
순간 가슴에 그득 채워지면 행복이다
보고 있는 나도 행복하다는 걸
비둘기는 아마 모를 거다.

상처가 흉터에게 1

왼쪽 팔목에 새겨진 흉터는
오른쪽 팔로 여전히 삶을 쓸 수 있다는
희미한 위로였다.

나는 골절 수술 후 아물지 않는 상처와
여전히 남아있는 염증의 불꽃 속에서
매일 항생제 주사를 맞으며
차갑고 무거운 시간을 견뎌냈다
상처가 흉터로 굳어질 때까지
지나가는 시간을 조용히 품었다.

세월이 흐르면
흔적은 남겠지만,
아마 통증은 기억의 뒤편으로
소리 없이 사라지겠지.

상처가 흉터에게 2

난 아프지만 넌 아프지 않잖아
난 순간이지만 넌 영원이잖아
난 통증을 삼켰고 넌 세월을 삼켰어
넌 내가 남긴 흔적이지만 난 너를 남긴 이유야.
우리 만남은 운명이었어 나 없는 너는 없을 테니까.

가을이다

정지된 바람을 밀치고
푸른 물기 거둔 잎새 하나 가볍게 떨어진다면
가을이다

농익은 계절주 한 잔에 취해
붉은 현기증으로 산이 비틀거리니
가을이다

가슴 설레는 마중과 애틋한 배웅이
오래된 시로 기억에 걸린다면
우리도 가을이다.

호수를 건너는 새가 있어

호수를 건너는 새가 있어
등허리에 걸터앉아보면
하늘을 가로지르는 눈부신 날갯짓에
잠시 천상을 꿈꾸는 거야
허공에서 흔들거리는
발자국을 따라가 보면
어느새 하늘과 땅 사이
팽팽하게 걸쳐진 어름사니의 외줄
물빛에 잠긴 그림자에도 날개가 돋아
높이 난다 해도
착지를 재촉하는 짧은 곡예일 뿐인데
돌아서는 그림자에
푸른 날개깃
바람 한 줄기 펄럭이네.

추신- 삶의 기쁨이란, 경치 좋은 곳에 매달려 날아가는 케이블카 처럼 짧은 순간일 거라고.

지도에도 없는 마을에
홀로 선 풍경

나는 지금 낯선 마을에 와있다
길을 잃은 것도 아니고
오고자 한 것도 아니었다
오래전 예매한 차표가 나를 이끌었다
차표의 운명에 따라
지도에도 없는 이곳에 온 것이다

한적한 길을
나보다 긴 그림자를 거느리고 걸어가다 보면
회색 구름 사이 얼핏얼핏 존재를 드러내는 햇살과
푸른 물기 가득 머금은 바람 속에서
빈집 현관에 달린 놋종이 딸랑거리는 오후
고양이들은 몸을 둥글게 말고 조용히 졸고 있었다
그 풍경 아래 반쯤 젖은 내가
빨래처럼 펄럭이며 걸려 있었다

여행은
낯선 곳에 홀로 서 있는
나 자신을 만나기 위해서다
따뜻한 손 내밀어 무심했던 나에게 안부를 묻고
젖은 슬픔을 꺼내서 달래주었다

지도에도 없는
낯선 마을을 떠나려 뒤돌아섰을 때
나를 배웅하는 내가 손을 흔들었다
홀로 선 풍경이 아득히 멀어져 갔다.

추신- 여행은 공간 이동이 아니라 존재 이동이라는 것을.

4월에 내린 눈

빛바랜 겨울을
손 흔들며 배웅했는데
떠나기엔
못다 한 이야기를 남겼는가
봄이 문을 여는 4월로
뒷걸음친다

금세 하늘 가장자리를 흔들어대더니
이른 봄꽃이라 여기라며
철모르는 나비라 여기라며
눈송이 날린다

눈꽃 핀 4월
서둘러 나선 얇은 꽃잎 같은 아이들
파르르 파르르 떨며
숲의 하얀 품으로 스며든다

못다 한 이야기

하얗게 덮인 4월의 숲에선

아직 떠나지 못한 겨울이

순백의 언어로

짧은 편지를 쓰고 있다

철 이른 진달래꽃 빛 끌어와

낙관을 찍어보니

하늘엔

한 폭 그리움이

수묵화로 걸리네.

추신- 아름다움은 형용사가 아니라 동사다(옮긴 글)

나무가 있는 풍경화

하늘에 걸린 어두운 회색
바람에 휘날리는 푸른 빗줄기
수채화처럼 저녁 스미는
창가를 그린다

어느 날 그 창가에
어두운 밤공기를 가득 안고
우뚝 선 나무 한 그루
조-을듯 비추는 가로등 불빛 흐릿하고
춤추듯 너울거리는 잎새들 사이로
별빛에 기대선 슬픈 그림자

나는 그림을 그렸다
연초록 새순이 돋는 봄, 싱그러운 희망을 그리며
진초록 잎새 위로 투두둑 떨어지는 빗방울을 축복이
라 불렀다
더러는 폭풍에 가지가 꺾이기도 했고

석양 붉게 번져 어둠 속으로 녹아드는 저녁 나무에는
길 잃은 그리움이 걸렸다
여윈 가지마다 피어난 설화는, 눈부신 고요였고
시리도록 정한 그림이 되었다

나무들과 함께 그림 속에 존재하는 나
어느새 나도 나무를 닮아갔다
창가에 걸린 한 폭의 풍경화는
언제나 슬프도록 아름다웠다.

나무와 나무의 이야기

잎을 떨군 앙상한 겨울나무
차갑고 긴 계절
뭐 하고 지내나 올려다봤어요

때론 실핏줄처럼
생명이 이어지는 가지 끝
날카로운 바람에 파르르 떨며
때론 축복 같은 눈송이와 춤추며
겨울을 견디는 거예요

수많은 나뭇가지 마주쳐
서로 안부 묻고
함께 서둘러 봄을 부르는 거예요

이제 곧 연한 잎 돋아나는
봄이 올 거예요.
나무와 나무들이 도란도란

은밀한 속삭임 나누기에
저 가지 끝마다 새순이 돋아나 걸
아무도 몰랐겠지요.

푸른 숨결
생명을 심다

어둑한 푸름 품고
슬픔 배인 하얀 수피 결
너의 숨소리는 진동이다
나를 깨우는 쿵쿵거리는
거인의 발자국

푸른 숨결로 하늘 흔드는
너를 심었다
내 안의 나무
생명 빛 춤추는
희망 한 그루.

5. 계절은 기억을 지우고

살아 숨 쉬는 기억의 먼지들을
비의 계절로 지운다
빗줄기 따라 떠난 어제가
햇살 담장
한 줄기 푸른 詩로 걸린다

숨비소리, 그리고 나

바다의 숨

해녀는 깊은 물 속에서
참았던 숨을 뿜어내고
다시 새로운 숨을 들이쉰다
생존이다

나무의 숨

나무들도 가을이 오면
푸른 기억을 털어내고
차가운 겨울바람을 천천히 들이마신다
긴 기다림이다

계절의 숨

이른 봄의 숲엔
새로 태어난 숨소리들이
철 이른 휘파람을 분다
희망이다

나의 숨

숨막힐 듯 아팠던
어제를 밀어내고
오늘,
또 다른 나를 부르는
내 안에서
슬픈 피리 소리가 들린다
깨달음이다

숨비소리다.

오늘, 슬픔 투명도 낮음

어둠을 밀어내고
빛을 기다리던 안개가
아침을 뱀처럼 휘감고 있다
숨 막히는 자욱함 속
푸른 신호등이 한 점 희망처럼 깜빡거리고
꼬리등을 켠 차들은
느릿느릿 목적지를 더듬는다

안개 서린 날은 한낮이 따사롭다던가
봄이 서성이는 거리
한 꺼풀
회색 안개가 뱉어놓은 배경 위로
보름달 닮은 해가
잠시, 눈부시게 빛났다
그 빛은 눈꺼풀에 엷은 눈물로 걸리고,
차가운 눈빛은
안개 속 해그림자를 찾는다

먼지가 된
겨울을 털어내고
먼지가 된
슬픔도 그리움도
툭툭 털어낸다
눈물 담긴 희뿌연 기억을 털어내며
먼지 속 작은 불빛 하나가 피어난다

강물에 잠긴 불빛은
안개를 길어 올리고
긴 숨으로 다시 뿜어낸다

아침을 움켜쥔 안개가
발자국 없는 걸음으로 사라진 후
그의 눈물이
투명하게 빛나기 시작했다.

추신- 오늘, 슬픔 투명도 낮음.

동물원에 가면

동물원에 가면 내가 갇힌 짐승인 양
서글퍼진다
몸 털고 좁은 우리를 벗어나
꽃그늘로 달리고 싶은데

천년의 숲 누비던 초록뱀
자유의 기억을 재우며
숨소리조차 싸늘한
죽음 안에 또 다른 죽음이다

동물원에 가면
세상에 갇힌 나를 구경하는 동물들의
커다란 웃음소리가 우리를 벗어나
허공으로 흩어진다

결국
서로가 서로를 구경하다
서글퍼지는
동물원 나들이.

사월이 떠난다

얼어붙은 대지의 틈새로
연한 푸른 싹을 틔우고
바람이 휘두르는 붓 자국마다
세상 가득 꽃 잔치

언제 왔는지도 모르게
살며시 와서
햇살 쏟아부은 들판에,
진한 꽃향기 남기고
언제 갔는지도 모르게
조용히 돌아서는
사월은
첫사랑이다

눈부셨지만
잡을 수 없었던
하늘거리는 꽃잎의 언어

가슴 갈피에 남기고
젖은 눈빛으로 흩뿌리는
꽃비
꽃의 이별식이다.

사월이 떠난다.

꽃 배달 할아버지

지하철엔
검은 옷 사람들이
정거장마다
가득 타고
가득 내리고
그림자와 그림자가 포개져
그림자들은 숨이 막힌다
먼지와 먼지들이 서로
몸을 털고
어깨와 어깨들이 안부를 묻는다

다음 정거장에선 꽃이 탔다
스무 송이쯤 되는
빨강, 분홍, 노랑, 색색의 장미들이
무채색 틈을 비집고 들어온다
향기도 따라 스며든다
세상이 환해진다

모든 이들의 눈빛이 꽃으로 모인다
꽃바구니를 든 할아버지도
꽃처럼 보인다

'생일 축하합니다.'
리본에 적힌 축하의 글이
나비처럼 하느작거린다
누구의 생일이기에
지하철 타고 먼 길을 가고 있니
할아버지가 챙겨 넣은 일당엔
향기가 함께 얹혀 장밋빛 기쁨이 된다

모두의 가슴속에
꽃이 피어난다
웃음이 번지고
마중 나올 설렘에
들뜬 향기가 날아다닌다.

빛을 걷는 아침

잠은 깨어나게 될 죽음이고 죽음은 깨어나지 못할 잠이다
나는 그때 출구 없는 시간의 집에서 잠들어 있었다
그러나 아침은 어김없이 어둠의 벽을 밀어 올렸다

그렇게 아침의 빛은 나를 깨우고
하루는 끼니처럼 따라와 시간을 재촉했다
잃어버린 시간은 부스럭거리며 일상의 밥상에
그리운 반찬이 되고
아침은 다시 아침으로 이어져
나는 그 빛을 따라
또 하루의 걸음을 재촉한다

***추신-** 오늘도, 나는 기적처럼 죽음에서 깨어났다.*

세월은 마술사처럼

빠른 손놀림과 속임수로
순간 휘장 뒤에서 혹은 상자 속에서
젊은 엄마 아빠를 할아버지 할머니와
바꿔치기하고

붉은 장미꽃이 활짝 피더니
금세
하얀 새되어 날아가더니
이내
한 줌 불꽃, 허공으로 흩어지고
결국
모두 빈손이더라.

아버지의 눈물

아버지는 술을 드시면 언제나 우셨다
성묘를 다녀온 밤이면 어김없이 술 한 잔을 드시고 잠드셨고,
잠꼬대로 엄니! 하며 우셨다 생전에 다정히 부르지 못한
어머니 꿈속에서 불러보며 우셨던 거다
돈 많이 벌어 호강시켜 드리고 싶었던 가여운 어머니 생각이
가슴에 가득 차올라 우셨던 거다
어린 누이 셋 데리고 혼자 짊어져야 했던
삶의 무거움보다 더 무거운
누이들 보살펴달라는 어머니의 마지막 당부 벗어버리지 못하고
술잔 속에 책임과 슬픔을 녹여 마시며 우셨다

아버지는 술을 드시면 언제나 우셨다
아버지 눈빛 닮은 막내딸이 건강을 잃어버리고 아파할 때

가여워서 애처로워서 또 우셨다
병상에 누워있던 딸에게
갈비탕 한 그릇 품에 안고 와서 먹이시다
뒤돌아 눈물 훔치던 아버지
약한 딸이 평생 지고 가야 할 아픔과 한恨
대신 지고 갈 수 없어서 우셨으리라

사라진 봉분 대신 가슴으로 모셔온 아버지
지금도 술 한 잔 권하면 또 막내딸 애처로워 우실까
생전의 아버지 나이만큼 살아온 딸
슬픔에 인색함을 배우고 잃어버린 빈자리를
감사로 채우며 살아가고 있습니다.
아버지, 이제는 울지 마세요.

구멍가게

그 가게엔 구멍이 있었나 하긴, 행길 쪽으로
담벼락을 뚫어낸 작은 문 하나
한 평 남짓한 공간에 손바닥만 한 마루와
방으로 이어지는 미닫이문이 있었다
돈이 생기면 아니, 내가 번 돈은 아니었다.
할머니도, 할아버지도 안 계셨고
아버지, 엄마의 지갑에서
내 주머니로 통하는 작은 구멍이 있을 뿐이다

나는 즉시 구멍가게로 간다 가게 문 열리면
미닫이문도 열리고 주인장이 나온다
거긴 내가 좋아하는 초콜릿에서
혀가 발갛게 물드는 막대사탕 탐나는 색색의 학용품,
구슬과 딱지까지 없는 게 없었다
몇 잎의 동전, 드물게 지폐를 들고
구멍가게를 기웃거리는 것이 세상에서 가장 행복한
일이었다

내 주머니도 구멍 난 것 같았다.

돼지 저금통 작은 구멍보다 구멍가게의 넓은 구멍이
좋았던
그 아이의 주머니엔 지금도 추억의 향이 가득하니
참, 아깝지 않은 세월이었네.

기억의 다리

숲길을 가다가
이편과 저편을 이어주는 다리를 보면
건너편 알 수 없는 비밀과
마주하고 싶은 충동이
슬며시 고개를 듭니다

작은 개울을 연결해 주는
이 다리는
훌쩍 뛰어넘기엔 벅찼는지
누군가 나무를 엮어놓은
흔적이 남았습니다

어느새 달빛 켜진 밤하늘
바람 한 줄기 걸치고
굽은 다리의 등허리를 밟으며
젖은 숲 사이 키 큰 나무들의
오래된 이야기를 들으러 갑니다

이야기는 밤을 새우고
달빛 흐린 새벽
서둘러 다리를 건너와
큰 숨 들이마시고
바람의 그림자는 침묵 속에
홀로 머뭅니다

그러나 가만히 보면
다리 위에 무수한 기억의 발자국이
찍혀 있습니다
달빛 따라나선 바람의 흔적도
깊게 새겨져 있습니다

어제 내린 폭설에 무너진 다리
하늘 나무뿌리 잠겨 있는
작은 개울은 살얼음으로 멈춰버려
건널 수 없는 슬픔은

차가움으로 서성입니다
우리가 나눈 이야기들이
기억 저편에 머물러
다음 차례를 기다리는 이별처럼
흔들거립니다.

눈송이처럼

나뭇가지에 사뿐히 내려앉은 눈송이처럼
만남은 그렇게 가벼우리라 했어요
덜어낼 수 없는 슬픔의 무게로
뚝뚝 가지가 꺾이는 아픔을
예견하지 못했어요

바람에 날려 흩어진 눈꽃이
은빛 숨결처럼 사라질 때
만남은
영원히 잡아 둘 수 없는 거라고
생각했어요

시간의 흐름이 멈춘 듯한 고요를 건너는
소리 없는 비명이
허공으로 솟구쳐 산산이 부서지는
눈송이처럼, 내 심장에 차갑게 쌓일 줄이야.

맛의 여운

간식 바구니에 과자가 몇 개 남지 않았다
밋밋한 맛에
살구잼을 발라 먹었다
새콤달콤한 맛의 여운을 남기고 싶어서이다

아침 식사 샐러드에 매운 양파를 제일 먼저 먹는다
한 단 한 단 계단처럼 맛을 골라 먹다가
제일 맛있는 걸 맨 나중에 먹는다
맛의 여운을 남기고 싶어서이다

달콤함을 먼저 맛보았다.
습관처럼 맛의 계단을 오르려 했다
그러나 마지막 남은 매운 양파의 아릿함에
눈물을 쏟는다.

그래도 몸에 좋은 거래잖아.

매운 가을을 삼킵니다

가을이 지독히 매운 음식을 먹었나 보네요
붉은 트림이 온 산을 덮고
노란 현기증으로 비틀거리니

매운 음식을 먹으면
눈물을 흘리는 나는
음식 탓이라고
슬픈 눈물을 감추려
입안 가득 지독히 매운 가을을 삼킵니다.

내가 크런키를 좋아하는 이유

나는 초콜릿을 좋아하지만
크런키를 더 좋아한다

세상사 단맛으로만 채워진다면
달콤함에만 취해 산다면
단맛 뒤에 오는 쓴맛도 있을 터

초콜릿은 입안에서 스르르 녹아버려
형태의 여운을 남기지 않은 아쉬움이 있다
그러나 크런키는 초콜릿을 감싸고 있는 과자의
와삭거림이 단맛을 부드럽게 감싸며
짧은 향연을 긴 여운으로 남겨준다

달콤하지만
너무 달콤하지 않은
짧은 도취 대신 천천히 씹어가는 맛의 속삭임
바삭함과 촉촉함이 서로를 감싸 안으며

입안 가득 머물 때
나는 행복하다.

이 세상에
그런 이 어디 없을까
가을 낙엽 같은 바삭함과
겨울 햇살 같은 부드러움을
함께 품어내는 존재
삶의 두 가지 얼굴을 보여주며
기쁨을 두 배로 만들어 주는
그런 크런키 같은 사람.

산은 나를 흔들지 않았다

산을 찾는 이들
때로는 가슴 위를 지그시 밟고 가도
때로는 어깨를 스치며 길을 내도
산은 흔들리지 않았다

기운 듯 선 하늘을 품고
깊이 뿌리 내린 나무를 끌어안고
솟구친 바위에 어깨를 내주며
분노를 삼키며 허공으로 부서지는 폭포를
조용히 받아내면서도
산은 결코 흔들리지 않았다

슬픔에 취해
눈물로 산길을 헤매어도
산은 나를 흔들지 않았다
나를 흔드는 것은
벗어던지고 싶은

내 그림자뿐이었다.

추신- *가장 큰 흔들림은 내 안에서 온다.*

계절은 기억을 지우고

가을

낙엽 아래
묻힌 이름 하나
바람이 비워낸 자리엔
그림자가 없다

겨울

침묵은 눈처럼 쌓이고
한 장 남은 달력 속
차가운 발자국이 숨는다

봄

한 송이 꽃의 만개
두 송이 꽃의 낙화
그 사이 숨긴 슬픈 이별
바람의 손이 훔쳐간다

여름은

살아 숨 쉬는 기억의 먼지들을

비의 계절로 지운다

빗줄기 따라 떠난 어제가

햇살 담장

한 줄기 푸른 詩로 걸린다.

추신- *기억은 흐르고 문장은 남는다*

사랑한테 지는 것들

내 친구는 잘 안 웃는다 그런데
공부 잘했다는 딸, 귀여운 손자 이야기 하면
금세 얼굴에 웃음이 번진다

나는 잘 안 운다 그런데
무지개다리 건너간 쫑이,
내 가슴 밟고 간 그 작은 발자국 떠올리면
금세 그렁그렁 눈물이 고인다

웃음도 눈물도
다 사랑한테 지는 거다
아니,
처음부터 이길 생각이 없는 거다.

솔잎 끝 저녁

하늘에
조신한 가을이 가만히 내려 앉았다

기억은 흐르고
문장이 남는
솔잎 끝 저녁에
바람이 분다

어깨 접는 하루가
몸을 뒤척이고
붉은 슬픔이
하늘에 번지는

수묵화 한 점.

삶의 무늬로 그려지는
수묵화 한 점

습기 머금 화선지에 먹빛 품은 숨결이 번져간다
비밀이 비밀을 전하듯
은밀한 번짐이 무늬가 되어 물빛이 깊어지고
고요가 깊어지고
꽃과 잎이 하나가 되어 바람결에 향기 스며든다

먹의 숨결
습기 찬 하늘에 번지는 그리움이
숨 쉬듯 스며들어 달빛을 그린다

그리움과 그리움 사이
눈물과 눈물 사이
서서히 다가서서 삶의 무늬로 번지는
수묵화 한 점.

추신-

번짐의 멋을 살리기 위해 화선지를 바꾸어 보기도 하고,
먹에 아교를 섞어보기도 했습니다.
붓이 너무 빠르게 지나가면 빈자리가 생기고,
너무 천천히 머물면
지나친 번짐이 형태를 흐려지게 하지요.
삶이라는 그림 역시 마찬가지입니다.
알맞은 먹의 농도, 적당한 물기, 적절한 속도,
그리고 멈춤과 여백이 있을 때—
비로소 깊이 있는 번짐으로
아름다운 그림이 그려지는 것이지요.